ANCIENS

MONUMENTS

DÉCOUVERTS

DANS LES COMMUNES

DE

VILLOSSANGES, BIOLET ET VERGHEAS,

PRÈS DE PONTAUMUR;

Par P.-P. MATHIEU,

Professeur au Collége royal, membre de l'Académie de Clermont.

CLERMONT,

IMPRIMERIE DE THIBAUD-LANDRIOT FRÈRES,

Rue Saint-Genès, n° 10.

—

1877.

ANCIENS

MONUMENTS

DÉCOUVERTS

DANS LES COMMUNES DE

VILLOSSANGES, BIOLET ET VERGHEAS,

PRÈS DE PONTAUMUR ;

Par P.-P. MATHIEU,

Professeur au Collége royal , Membre de l'Académie de Clermont.

Il en est de la science archéologique comme de la géologie : l'une et l'autre ont pris à tâche de nous révéler l'histoire de l'humanité et celle de la nature dans les phases diverses de leur existence. Mais la nature a subi tant de bouleversements, et l'homme a fait tant d'efforts pour conquérir et marquer sa place, que, partout où l'on porte ses pas, on rencontre des débris et des monuments qui témoignent de ces transformations successives. Chaque jour, chaque fouille ajoute une page au grand livre du passé. Car ne croyez pas, Messieurs, qu'on ait encore découvert toutes les épaves des vieux âges, ni exhumé toutes les races d'animaux ensevelies sous le sol. Bien des cabinets, bien des volumes se rempliront encore d'objets et de dissertations, avant qu'on ait épuisé les filons de cette mine féconde. Et, pour me renfermer dans les limites de l'Auvergne, les recherches auxquelles on s'est livré jusqu'ici, ont-elles conduit à la découverte de tout ce qui subsiste de l'ère celtique, de l'ère romaine et du moyen-âge? Il serait téméraire de l'affirmer. Le dernier travail sur cette matière, et le moins incomplet de tous, la *Statistique monumentale* de M. Bouillet, notre collègue, ne cite point, dans la commune de Villossanges, près de Pontaumur, quatre monuments dont on n'avait pas, jusqu'à ce jour, soupçonné l'existence. Mais c'est une simple omission dans un ouvrage où, malgré le zèle le plus louable, l'auteur n'a pas sans doute la prétention d'avoir indiqué ce qui n'était pas encore connu.

C'est en parcourant la commune de Villossanges et les communes limitrophes, que j'ai rencontré

1°. Un dolmen ;

2°. Une pierre branlante ;

3°. Une voie romaine ;

4°. D'anciennes positions militaires.

J'ai vu ces monuments, et je les décris tels que je les ai vus (1).

(1) M. Bouillet, qui ne les a pas vus, nie qu'ils existent. Dans le compte-rendu de la séance académique où cette note a été lue, M. Bouillet dit :

« M. MATHIEU a la parole pour lire un mémoire sur des

DOLMEN.

Le dolmen, désigné par les habitants du voisinage sous le nom de BANC DE LAS FADAS, *Banc des Fées*, se trouvait dans la forêt de Roche, au-dessous de l'étang de Vergne-Laboysse, et dominait, à l'aspect du sud-est, le petit bassin gazonné où serpente le ruisseau qui sort de cet étang. La table, en grès argileux, sillonnée de filons de quartz, avait 6^m,65 de longueur sur 4^m de largeur, et une épaisseur variable de 0^m,33 à 0^m,52. Posée dans la direction du nord au sud, sur un demi-cercle de rochers ouvert à l'orient, elle était un peu inclinée de ce côté, où deux pierres, placées de champ, la soutenaient. Elles avaient près de deux mètres de haut. Aussi, dans les mauvais temps, les bergères se retiraient-elles sous la plate-forme qui leur offrait un abri sûr et commode. Souvent un rayon furtif de soleil vint y briller sur

» monuments antiques qui existaient, *mais qui ont disparu*, » dans la commune de Villossanges (*). »

Comme on le verra par cette note, le dolmen et la pierre branlante sont, il est vrai, détruits en partie, l'un par la main des hommes, et l'autre par le temps; mais la voie romaine et les positions militaires subsistent et subsisteront probablement long-temps encore. Puisse la Statistique *monumentale* de M. Bouillet avoir les mêmes éléments de durée!

(*) *Tablettes historiques de l'Auvergne*, t. VII, no 4, p. 483.

leurs fuseaux. Le dimanche, dans les beaux jours,
quand la pelouse, couverte d'herbes hautes et émail-
lée de fleurs, ne leur permettait pas de la fouler impunément, elles se réunissaient sur le plateau, et là
elles dansaient ou folâtraient avec les jeunes gens des
environs. Plus d'une fois la pierre antique fut le but
de rendez-vous, où le génie instinctif de l'amour pré-
luda par des serments aux nœuds sacrés de l'hymen.
Pauvres villageoises! âge insouciant, qui se développe
sous l'influence de la simple nature, vous dansiez sur
l'autel où coula jadis le sang de vos pères! Ah! sans
doute, vous eussiez reculé d'horreur, si vous aviez
connu la destination de cette grotte mystérieuse qui
servit autrefois de tombeau, et de ce plateau sécu-
laire où s'accomplirent, sous le couteau de pierre,
tant d'horribles sacrifices!

Lorsque j'ai visité le monument, il n'en restait que
des parties imparfaites. Cependant j'ai pu le recon-
struire sur place, par la pensée, à l'aide d'un croquis
qu'en a fait un de mes neveux, Amable Rastoix, et
d'après la description que m'en ont donnée, sur les
lieux mêmes, des habitants de la forêt qui m'ont accompagné dans cette excursion. Le dolmen était do-
miné, au nord, par un rocher conique de 2ᵐ environ
de hauteur sur 4 de diamètre à sa base. Il n'en était
séparé que par un étroit espace qui servait de sentier
entre les deux; et, de ce côté, la table portait, dans
sa largeur, une espèce de banc naturel, fort étroit

d'ailleurs, mais qui devait servir à quelque usage que nous ne connaissons point. Car, dans ces sortes de constructions, chaque chose a un sens; il n'y a rien d'inutile. Le grand art serait de percer la nuit des temps, et d'obtenir le secret des événements dont ces masses de grès ou de granit furent les témoins. A l'autre extrémité de la table, et dans la partie déclive du coteau, gisait parallèlement au rocher qui servait de support, une pierre de même nature, ayant la forme d'une poutre; peu élevée au-dessus du sol, elle avait 6^{m},50 de longueur, sur 0^{m},66 de largeur. Sa surface unie et la position qu'elle avait reçue des mains de l'homme, semblaient lui assigner une destination particulière. Un peu plus bas, on voit encore, parmi des broussailles, une autre masse de grès d'assez large dimension, et qui a, sans doute, appartenu à l'ensemble du monument. D'après sa configuration, je serais porté à croire que c'était une pierre branlante dressée sur le sommet du rocher conique dont il vient d'être question. Elle aurait été renversée soit par une secousse de tremblement de terre, soit par un coup de foudre, ou peut-être par les efforts réunis des villageois qui ne craignent pas de mesurer la force de leurs épaules avec les forces inertes de la nature. Mais, quoi qu'il en soit de cet accident, je n'ai pu me défendre d'un certain saisissement à l'aspect d'un vieux chêne encore debout sur les dernières assises du roc où s'élevait le Dolmen.

Mon imagination a, soudain, malgré moi, groupé, au pied dè cet arbre, les idées d'autel, de roche branlante, de druides, de solitude, de lac, de ruisseau, et m'a transporté dans une de ces forêts germaniques dont Tacite nous dépeint la sombre horreur. « Les prêtres, nous dit-il, après avoir promené sur un char couvert d'un voile, la déesse Herta, baignent le char et le voile, et, si vous le voulez, la déesse elle-même, dans un lac écarté; puis, le lac engloutit les esclaves qui ont rempli cet office. De là cette terreur secrète et cette ignorance religieuse sur des mystères qu'on ne peut pénétrer qu'en y trouvant la mort. » La disposition des lieux et les objets que la nature et le bras de l'homme ont rassemblés sur cette partie de la forêt de Roche, autoriseraient un certain rapprochement entre la cérémonie dont parle l'historien romain et, dans les Gaules, la théurgie druidique, que l'on pourrait suivre jusqu'au Mexique. On a trop séparé, ce semble, les anneaux de la chaîne qui rattache à un même principe la doctrine et les pratiques religieuses de tous les peuples primitifs. Il y a certainement entre elles communauté d'origine et solidarité morale. Le savant Creuzer a déjà planté, à travers ces savanes, de nombreux jalons pour éclairer la marche de la philosophie. Mais ce n'est pas ici le lieu de discuter cette grande question d'ethnographie; je termine en ajoutant que le Dolmen, qui fait le sujet de cette note, n'existera plus que sur cette frêle page. Les masses principales ont été exploitées depuis 1843, comme pierre de taille, et forment les portes et les fenêtres de la maison de M. Rastoix, instituteur communal à Villossanges. Ainsi s'en vont les restes des antiques civilisations.

ROCHE DES FÉES.

Non loin des ruines de l'ancien château de Chovance, où naquit, dit-on, saint Amable, et au-dessous du village d'Haute-Roche, se dessinent, sur le flanc escarpé de la colline, plusieurs masses de granit. Au-dessous de la plus considérable on voyait se dresser jadis un bloc énorme, de forme carrée, mais plus large au sommet qu'à la base. Il avait la figure et les proportions de la *Pierre qui danse*, qu'on voit encore à l'est de Thiers. Composé aussi de deux parties, s'élevant ensemble à une hauteur de cinq mètres, il portait et porte encore, dans le langage du pays, le nom ROC DE LAS FADAS, *Roche des Fées*. Cependant la masse supérieure, qui ne couvrait guère que la moitié de la base, s'est détachée et a roulé dans le ruisseau de Chanteranne, où elle gît encore. La dénomination et la disposition de la pierre, annoncent un monument druidique de l'ordre des pierres branlantes, qu'un ingénieux artifice mettait en mouvement pour terrifier le vulgaire, et lui montrer que les puissances de la nature étaient soumises à la volonté des ministres des dieux.

Par-de-là le ravin de Chanteranne, et sur le versant en face de la *Roche des Fées*, s'élève un monti-
cule qui domine le village de Jury, et qui se nomme,
en patois, LAS MELIEYRAS, les Milliaires, dénomination dont il n'est pas besoin de rechercher l'étymo-
logie. Au sommet, on a trouvé, indépendamment
d'une hache gauloise en silex, une espèce de petit
four en briques rempli de cendres et d'osselets avec
une serpette dont le manche est tombé en poussière
dès qu'on y a touché. C'était un tombeau gallo-romain. A quelques pas plus loin, on a déterré une urne
cinéraire, remplie d'ossements calcinés, avec une
médaille en bronze d'Adrien. La butte est encore
couronnée d'un tilleul qu'on appelle l'*Arbre des trom-
pettes*. Je ne signale cette circonstance que pour faire
voir que les lieux les plus reculés et qui paraissent, à
cause de l'âpreté du sol et du climat, n'avoir été habi-
tés qu'après les cantons mieux favorisés de la nature,
sont précisément ceux où les monuments primitifs
abondent davantage. Ainsi, dans la forêt de Roche,
un de mes parents a détaché de la souche d'un hêtre
une hache en serpentine. Les cultivateurs ont exhumé
une foule d'autres ustensiles en cuivre et en argile,
qu'ils ont détruits faute d'en connaître l'importance.

Puisque je parle de l'ère celtique, on me permettra de noter, en passant, qu'un de nos compatriotes,
M. Michel Cohendy, a été assez heureux pour découvrir
une carrière de silex, où exista jadis une manufacture

de haches et de bouts de flèches. Elle est située dans le bois de la Verroterie, près du château de Lanquet, dans le canton de la Linde, département de la Dordogne. Il y a vu un nombre considérable de pièces, de toutes dimensions, à un état d'ébauche plus ou moins avancé, comme l'indiquent les échantillons déposés sur le bureau. Quelques-unes étaient finies et d'un poli remarquable. Cette fabrique, la première, je crois, dont il soit fait mention, nous apprend que, dans ces âges reculés, où le fer était à peu près inconnu et le cuivre rare, nos ancêtres avaient des carrières de haches, de poignards, de bouts de flèches et de lances, comme nous avons des ateliers d'armes et de coutellerie. Chaque époque a des industries appropriées à ses besoins.

VOIE ROMAINE.

Revenons dans la forêt de Roche, au quartier appelé *Rochefente*, où le sabotier Barret a converti sa cabane de feuillages en une maisonnette embellie d'une génoise et couverte de tuiles rouges : couleur qui fait contraste avec la verdure des hêtres qui protègent la modeste habitation et l'enveloppent de leur ombrage. Jean-Jacques n'aurait pas mieux réussi pour le choix du site ; seulement il aurait eu des volets verts. Eh bien ! à dix pas de la porte, pour peu qu'on examine la surface du sol, on remarque, à droite et à gauche, un renflement de terrain qui, pareil à un large ruban, fuit et s'enfonce dans la forêt. Ce n'est, en apparence, qu'une couche de terre et de feuilles mêlées à des mousses; mais des fouilles exécutées sur divers points et sous mes yeux, m'ont révélé une route ancienne très-bien pavée. Le *stratum* se compose de deux sortes de pierres superposées : celles de dessus, parfaitement serrées les unes près des autres, sont à peu près de la même grosseur; celles du dessous, qui servent de lit aux premières, sont un peu plus fortes. La largeur du pavé est partout de 3^m à 3^m,35. Cette route qui se tient toujours sur les lieux élevés, court du midi au nord. De ce côté, à l'issue de la forêt, elle contourne, en demi-cercle, un petit bassin hydraulique, au-dessus du hameau de Roche. Mais on vient de la détruire dans toute cette rampe, où elle gênait la culture. Les matériaux qu'elle a fournis étaient encore épars sur la terre labourée, le 6 septembre dernier (1846). J'ai pu suivre, par ce moyen, sa véritable direction, avec un manœuvre qui avait coopéré, dans la semaine, à cette démolition. De là elle semble fuir vers la chaussée de l'étang de Chancelade, d'où elle devait atteindre une voie romaine à Roche-d'Agoux ou à Termes, aujourd'hui village et ville autrefois, s'il faut en croire la tradition locale. L'autre segment passe au-dessous de l'étang de Vergne-Laboysse, franchit une petite fondrière au moyen d'une chaussée d'un mètre de hauteur sur huit de longueur,

laisse le BANC DE LAS FADAS à quelques pas à l'est, et
va se perdre dans la colline. Après l'avoir reconnue,
l'espace au moins d'un kilomètre, j'ai présumé qu'elle
se joignait au midi, par Aval, Saint-Etienne et le
Mas, à celle qui conduisait, par Gelle, de Clermont
chez les Lémovices. Peut-être aussi est-ce un fragment
de cette autre qui se voit encore près de Briffonds et
dans la plaine de Villefeu, entre Cornes et Vilsebroux,
dans la Corrèze, et qui a été signalée par M. Bouillet.
Car il ne paraît pas, d'après la direction qu'elle af-
fecte, que ce fût une route de premier ordre. On peut,
sans invraisemblance, la classer parmi les DEVERTICULA
qui faisaient communiquer deux grandes voies stratégiques, ou qui s'ouvraient entre deux villes de moyenne
importance. Si des colonnes milliaires ont été jamais
échelonnées sur sa traversée, il n'en existe plus. La
route elle-même ne tardera pas à subir une pa-
reille destinée. Déjà, dans le voisinage de la maison
de Barret, elle a disparu, lorsqu'après avoir abattu
les arbres, on a défriché le fonds. Néanmoins, malgré
ce bouleversement, on la reconnaît dans les deux
champs à son exhaussement au-dessus des terres en-
vironnantes. Mais il y a si long-temps qu'elle a cessé
d'être fréquentée, que des hêtres énormes ont crû et
vieilli sur le pavé, et qu'elle n'est désignée par les
habitants sous aucune espèce de dénomination.

Si les divers caractères que je viens de signaler,
ne suffisaient pas pour constater, dans la forêt de

Roche, l'existence d'une voie romaine pavée, *via strata*, j'ajouterais que Barret a découvert, vis-à-vis de sa porte, à 150^m de la route, les restes d'un antique édifice, dont les matériaux lui ont servi à construire sa maison. Il en a fouillé les fondements et enlevé le pavé qui était en pierres carrées, esmiliées, d'un décimètre de côté. Beaucoup de tuiles à rebords, des briques, des fragments de poterie rouge, sont sortis de ces ruines. Tous ces objets étaient noircis par le feu, et mêlés à une grande quantité de charbon. A 60^m plus loin, dans le bois, et toujours parallèlement à la route, on rencontre les débris d'une autre construction analogue à la première, et une troisième apparaît à la même distance de la seconde. Cette symétrie dans la position de ces trois bâtiments, désignerait une de ces MANSIONS que la prévoyance du gouvernement romain établissait sur les grands chemins pour la commodité des voyageurs, à moins que l'on ne veuille y reconnaître les traces d'une colonie militaire.

POSITIONS MILITAIRES.

Sur le passage de la voie romaine, en face du BANC DE LAS FADAS, mais à l'extrémité du versant opposé, on rencontre, sur le point culminant, une vaste et profonde excavation, ouverte au nord dans la partie abrupte de la colline. La terre, relevée tout autour

sur le périmètre, angmente encore cette profondeur
et forme un rempart. C'est un ovale d'environ 50^m sur
30 d'ouverture. On le nomme le Creux du Loup. Une
fouille faite sur le bord supérieur, nous a montré plusieurs fragments de tuiles à rebords et un monceau de
cendres noires avec du charbon de chêne. Ce sont évidemment les traces d'un incendie ou d'un feu allumé sur
ce point, comme on le pratiquait, en temps de guerre,
dans l'antiquité. Il s'en trouve une semblable à quelque distance de là, sur la montagne qui domine, à
l'ouest, la commune de Villossanges et celle du Mon-
tel-de-Gelat. On en voit d'autres aussi, mais entou-
rées de fossés, dans le voisinage de Vergheas, près du
château de Grolières, au-dessous et vis-à-vis du bois
de Labrousse, où existe encore un segment de voie
romaine. On les appelle les Redoutes ; les villageois
disent *Rebuttes*.

Voici, à ce sujet, des détails que je dois à l'obli-
geance de M. Bacconnet, instituteur communal à
Biolet. Résidant sur les lieux, il a suivi et mesuré,
une à une, toutes ces positions.

« Sur la lisière du bois de la Brousse, dit-il, et
» non loin du chemin ferré que vous connaissez, il
» existe, à 500 mètres au nord-est du château de
» Grolières, une grande fosse appelée *Creux du*
» *Renard*. Ouverte de l'est à l'ouest, elle a 159 mè-
» tres de longueur, 19 de largeur, et 7 à 8 de pro-

» fondeur seulement, parce que l'intérieur est,
» depuis des siècles, dégradé par la culture.

» Au sud-est, et à peu près à la même distance
» de Grolières, il y a, dans une position très-élevée,
» d'où l'on aperçoit Roche-d'Agoux et Termes, deux
» autres fosses, séparées, dans le sens du grand
» axe, par un espace très-uni de 21 mètres. Ces
» *retranchements* appelés la *Potence*, sont creusés
» dans la direction du sud-ouest au nord-est; ils font
» à peu près face au château. Le plus rapproché de
» Grolières a 41 mètres de long, 15 de large, et 4 à
» 5 de profondeur; l'autre, plus long que celui-ci
» de 13 mètres, est formé de deux creux, séparés
» par une arête de terres jectisses; leur profondeur
» est de 6 à 7 mètres.

» Au sud-ouest, et toujours à peu près à la même
» distance du château, on voit, sur la hauteur en
» face de Grolières, deux autres creux presque ef-
» facés par la main des cultivateurs. Ces trois fosses
» sont disposées de manière à former un triangle
» dont le château de Grolières occupe le centre.

» Celles de Termes m'ont paru assez intéres-
» santes. A l'est et non loin du village, on voit,
» d'espace en espace, dans la direction du sud-ouest
» ou nord-est, cinq ou six fosses assez remarquables.

» La plus voisine du village a 150 mètres de
» long, 30 de large au nord, et se termine, au sud,

» par un goulet de 15 mètres d'ouverture sur 43 de
» longueur. La profondeur est d'environ 7 mètres.

» Les autres, un peu plus en arrière du village,
» n'offrent plus que des creux, plus ou moins grands,
» que l'on a tâché de combler. Une d'elles pourtant
» est encore bien conservée. Cette fosse, sur une
» longueur d'environ 80 mètres, en a 7 ou 8 de
» profondeur. Elle est partagée en deux par un
» petit tertre en partie écrasé.

» La tradition locale fait remonter jusqu'à la con-
» quête romaine l'origine de ces fosses, et donne
» au village de Termes le nom et les proportions
» d'une grande ville, qui fut prise par famine et rui-
» née par les lieutenants de Jules César.

» Recevez, Monsieur, etc.

» Bacconnet, *instituteur à Biolet.*

» Biolet, 15 mai 1847. »

Ces travaux se rattachent à une époque peu connue
de notre histoire. Aucun écrivain n'en a signalé
jusqu'ici l'existence (1). Il a fallu les rencontrer sur

(1) M. Louis Raynal, dans le tome 1er de sa savante histoire
du Berry, fait mention de creux multipliés, ayant la forme
d'un cône tronqué et renversé, qui se rencontrent dans le Bas-
Berry, où ils portent le nom de Mardelles, Margelles, Mar-
ges ; ce sont très-probablement des fosses de délimitation

mon passage, dans une exploration que j'ai faite à travers ces montagnes, pour les remarquer et en étudier la structure, l'origine et la destination.

D'une forme constamment elliptique, ces excavations, creusées dans le terrain granitique, rappelleraient-elles les *specus subterraneos* dont parle Tacite, espèces de cavernes recouvertes d'une épaisse couche de fumier, et où les Germains se retiraient, en hiver, avec leurs grains pour les conserver, et, le cas échéant, pour les soustraire à l'ennemi (1)? Mais alors elles se trouveraient répandues sur toute la surface du pays. Seraient-elles les *speluncæ* mentionnées par Florus, et où les Aquitains cherchaient un refuge contre les légions de César (2)? Mais les *speluncæ* sont des cavités naturelles, et celles-ci sont à ciel ouvert et faites de main d'homme. Faut-il y voir les demeures rondes que décrit Strabon (3), composées de troncs d'arbres et de claies, et dont la toiture était formée de broussailles et de feuillage ; car les Gaulois, pour plus de sûreté, les creusaient souvent dans la terre (4)? Mais elles seraient plus mul-

creusées par les géomètres de Rome, et dont chacune devait être suivie d'un fossé : *Fossæ rotundæ in capite Fossati.* Mais ces excavations diffèrent essentiellement des nôtres.

(1) Tacite, Germ. 16.
(2) Florus, liv. III, 10.
(3) Strabon, liv. IV, p. 156 ; édition de Casaubon, 1587.
(4) Dio Cassius, liv. LXXV, 6.

tipliées, et n'auraient pas cette régularité qui leur
donne, à toutes, un caractère commun. Seraient-
elles enfin des sanctuaires consacrés à un culte mys-
térieux, tel que celui de Mithras, introduit dans nos
contrées par les légions de Pompée, et qui se célé-
brait dans des cavités souterraines, éclairées d'un jour
douteux ? Mais ces cavités n'avaient besoin ni de fossés,
ni de circonvallation. L'image du dieu, appendue à
l'entrée de la grotte, suffisait pour indiquer aux initiés
l'asile de la divinité, et pour le faire respecter (1).

Aucune de ces hypothèses ne saurait donc soutenir
un examen sérieux. Aussi, sans entrer, à cet égard,
dans aucune discussion, on me permettra de pro-
poser une conjecture qui paraît plus soutenable :
elle est renfermée dans le titre même de cet article :
Positions militaires. Elle a été, il est vrai, l'objet
d'une controverse dans laquelle j'aurais voulu puiser
des arguments pour modifier mon opinion : car je
cherche, avant tout, la vérité. Mais, malgré mon
respect pour l'érudition de l'ami bienveillant qui,
après la lecture de cette Note au sein de l'Académie,

(1) Cette religion a laissé des vestiges de son existence dans
une partie du bassin de l'Allier. Une statue indoue a été trou-
vée dans le Lembron près de St-Germain. M. Girot, sous-
préfet d'Issoire, a découvert, dans un vaste champ d'inhuma-
tion, au terroir de la Blanède, sous le Broc, une brique mi-
thriaque fort curieuse ; elle formait le chevet d'un tombeau
gallo-romain. On peut la voir dans mon cabinet.

**

m'a exprimé ses doutes, j'ai cru devoir persister dans la théorie où je me suis d'abord engagé, laissant à de plus habiles le soin de résoudre autrement la question. Si je me suis égaré, c'est de bonne foi; et, prêt à tout rétracter, je suivrai, avec reconnaissance, le flambeau qui signalera, sur mon chemin, des méprises *quas humana parum cavit natura.* Revenons à notre objet.

Ces fosses, dans lesquelles on remarque une apparente régularité de formes, une certaine identité de proportions, annoncent que le même esprit et le même besoin présidèrent à leur création. Que dire de leurs positions topographiques ? Placées dans des sites plus ou moins sauvages, elles ont toutes leurs derrières appuyés sur des pentes difficiles ou abruptes ; leurs fronts sont garantis par des *aggeres* ou remparts de pierres et de terres jectisses, de dimensions à peu près égales. Autour de quelques-unes, le fossé extérieur est parfaitement caractérisé ; dans les autres, l'agriculture l'a fait disparaître ; dans toutes aussi, deux issues se reconnaissent encore. Elles sont formées par une interruption de l'*agger* principal, et à quelques mètres seulement du point où il se replie pour aboutir, en retour, au sommet du ravin. Car les deux extrémités inférieures de cette ligne d'enceinte ne se réunissent point : elles laissent, de ce côté, un espace vide assez considérable, mais qui se trouve suffisamment défendu par la nature. On y re-

marque aussi une dépression de terrain, ménagée
sans doute, dans la prévision d'un péril, pour la fuite
ou pour l'approvisionnement de la position. Elles
pouvaient avoir une toiture ; mais il n'en reste aucun
indice, pas plus que de maçonnerie. Cependant des
fragments de tuiles à rebords et des monceaux de
charbon de chêne sont sortis d'une fouille exécutée
dans l'épaisseur d'un rempart. D'autres recherches
faites dans l'intérieur, n'ont absolument rien révélé.
Nous ne connaissons donc qu'imparfaitement la structure primitive de ces monuments. L'action du temps
a consumé les éléments qui pourraient lever les in-
certitudes ; car on ne peut rien exciper des tuiles à
rebords, dont l'usage s'est continué bien avant dans
le moyen-âge et jusqu'aux temps modernes.

Néanmoins, d'après cette description, il n'est pas
douteux que ce ne soient des postes militaires très-
anciens. Mais à quelle période historique remontent-
ils ? Depuis la conquête romaine, l'Auvergne a été tant
de fois le théâtre de la guerre, qu'il sera difficile de
leur assigner une date certaine. Seraient-ce les camps
des légions que César éparpilla sur le sol de la Gaule
pour la maintenir sous le joug qu'il venait de lui im-
poser ? Mais il n'y eut, jusqu'à l'arrivée des barbares,
d'autres mouvements que ceux du Batave Civilis et
du Lingon Sabinus ; encore l'Auvergne, satisfaite de
sa prospérité morale et matérielle, demeura-t-elle
étrangère à ces commotions. D'ailleurs, malgré la

dénomination de *camps romains* que l'on donne à quelques-uns, rien dans leur structure, dans leurs proportions, ne saurait impliquer cette origine. Celles de ces excavations qui sont à double ou à triple compartiment, n'auraient pas suffi à contenir même une demi-légion. Les remparts de terre, les fossés, les portes ou issues latérales, rappellent bien la castramétation des maîtres du monde ; mais ce n'en est ici qu'une imitation grossière et écourtée. Le préteur vivait, au milieu d'une vaste enceinte, sous une tente dressée sur un point culminant, et dont l'élégance et la richesse représentaient la splendeur de la ville souveraine. Ici, ce sont des espèces de tanières, profondes, étroites, taillées dans le roc et suspendues au bord d'un précipice. C'était l'asile de la peur ou de l'inexpérience, ou peut-être de l'une et de l'autre à la fois. On ne m'objectera pas qu'elles ont pu, dans les temps d'invasion, servir de refuge à la population effrayée. Leur peu d'étendue et leur situation n'admettent pas cette hypothèse. C'est un usage importé probablement du nord.

Jetées sur la lisière de l'Auvergne, dans le voisinage de la Marche, et sur les deux côtés d'une voie romaine, ces fosses pourraient être l'œuvre des peuplades barbares qui, après avoir ainsi demandé primitivement une retraite à la terre, s'avisèrent ensuite de s'en créer en l'air au sommet des rochers les moins accessibles. A défaut de l'art qu'elles ne connaissaient pas encore, elles empruntaient à la nature les moyens de s'abriter et de repousser une agression. L'homme est ainsi fait : livré à ses propres instincts, il passe, sans transition, d'un extrême à l'autre. Le contraire arrive chez une nation civilisée : elle procède avec méthode, parce qu'elle procède avec réflexion. C'est la marche du progrès : elle est lente, mais sûre. Il n'y a qu'un peuple étranger à la Gaule romaine, qui ait pu laisser de pareilles traces de son passage ; et il en existe encore dans la commune de Briffonds et jusque dans le Cantal, toujours sur les frontières de deux provinces.

Ces fosses paraissent décrire une ligne d'enceinte, et avoir servi à un système de défense ou d'attaque. Elles se multiplient surtout aux endroits où s'élevaient les châteaux-forts de la date la plus ancienne, ceux qui furent construits sous la dynastie mérovingienne. Ainsi, celles de Grolières se trouvent vis-à-vis du fort de Roche-Dragon, qui, semblable à l'aire d'un aigle, se hissait sur un bloc énorme de quartz, au sommet duquel on contemple encore avec surprise des restes de cette construction quasi-cyclopéenne ; celles de la forêt de Roche n'étaient pas éloignées du premier château de Chovance qui fut, dit-on, le berceau de saint Amable, et dont l'emplacement est aujourd'hui sillonné par la charrue. Celles du Cantal, situées à quelques kilomètres au midi de Mauriac, dans la vallée de l'Auze, au fond de la prairie de M. le che-

valier de Tournemine, font face aux ruines du second
château d'Escorailles. Le premier, détruit par Pépin-
le-Bref, entre 762 et 767, se releva moins formi-
dable sans doute dans celui dont il ne subsiste plus
aujourd'hui que deux tours et un large côté sans ouverture aucune; et il s'est redressé plus modeste
encore, à quelques pas vers le nord, dans celui de
Lavigne, appartenant à la famille de La Tour. La
forteresse primitive devait être bien redoutable,
puisque les chroniques du huitième siècle la citent
comme une de celles qui coûtèrent le plus d'efforts à
Pépin lorsqu'il voulut s'en rendre maître. Placée sur
une hauteur qui domine une partie du bassin de
l'Auze, elle commandait, de l'autre côté, la plaine
qui s'étend de la Maronne à la Dordogne. Pépin s'y
rendit plusieurs fois en personne : était-ce pour en
presser le siége, ou pour réprimer quelqu'une de ces
tentatives d'insurrection, si fréquentes, sous son
règne, dans le midi de la Gaule? Quoi qu'il en soit,
quand on considère, d'un côté, la position de l'antique château, et de l'autre, celle des fosses, on est
tenté de rattacher celles-ci au siége de la place. Car
il est difficile de leur assigner une autre destination.
Ce n'est pas qu'elles aient pu contenir une armée :
mais c'était, sans doute, le quartier général, la ré-
sidence du chef, de sa famille et de ses leudes. On
sait combien les Francs étaient attachés à la personne
de leur souverain : par honneur, ils lui formaient un

nombreux cortége ; par devoir, ils lui faisaient, dans les batailles, un rempart de leurs corps ; et, lorsque les opérations d'une campagne avaient pour théâtre de hauts plateaux ou des montagnes froides comme la Sibérie, n'est-il pas permis de supposer qu'ils aient, par suite de ce même sentiment de respect et de déférence, préservé, sous un climat glacial, leur prince et les siens des terribles influences d'une atmosphère meurtrière ? Pour quiconque connaît la longueur et l'intensité des hivers partout où se trouvent les excavations qui nous occupent, cette assertion n'aura rien d'invraisemblable. L'hiver de ces montagnes, c'est l'hiver de Moscou.

Le camp d'Escorailles se compose de trois compartiments séparés par des arêtes qui contreboutent un *agger* extérieur de 3 à 4 mètres de hauteur ; celui-ci se dessine en demi-cercle autour des trois cavités ; il est protégé par un fossé extérieur ; et, dans la partie déclive du terrain, il aboutit à un escarpement accessible seulement aux aigles et aux vautours : ce sont des rochers perpendiculairement suspendus sur un abîme de cent mètres de profondeur, et dans lequel grondent les flots torrentueux de l'Auze. Sur le devant, on remarque une autre excavation ayant la forme d'un petit parallélogramme, et dont les déblais, relevés sur chaque côté, étaient retenus par un mur intérieur dont il reste encore une ou deux assises. A la gauche de cette dernière construction, le sol, qui n'a jamais été cultivé, porte encore l'empreinte d'un large sillon, qui devait être un fossé destiné à relier au gîte principal le surplus du mamelon ; tandis que, sur le front du retranchement, se déploie, en amphithéâtre, jusqu'au pied de l'antique manoir, un vaste espace, où bondissent aujourd'hui de nombreuses génisses, tandis qu'alors on n'y entendait que les hennissements des coursiers de la Meuse et du Rhin.

Si le poste fortifié d'Escorailles fut construit lors du siége de la place par les troupes austrasiennes, comme on peut l'inférer, avec quelque raison, du texte des chroniques, il nous donnerait la date des *Positions militaires* de Roche, de Termes et de Grolières. Tous ces travaux, ainsi qu'on vient de le voir, ont les mêmes formes, les mêmes dimensions, et se trouvent dans les mêmes conditions géographiques. Ils sont contemporains ; ils sont le fruit d'une même pensée, l'expression d'un même besoin. Échelonnés sous le même méridien, c'est-à-dire sur une ligne droite d'Escorailles à Bourges, ils ont servi à la même série d'opérations stratégiques. Comme l'Auvergne fut attaquée et dévastée en 761, et que la guerre s'y prolongea jusqu'en 767 (1), il est pro-

(1) D'Auxerre Pépin vint à Nevers, puis à Bourbon, ville qui fut prise et brûlée. De là, il s'empare, en guerroyant, de la place forte de Clermont qu'il incendie, et où une multitude d'hommes, de guerriers, de femmes et d'enfants périssent dans les flammes. Blandin, comte de la ville d'Auvergne, est

bable que ces fortifications furent établies dans cet intervalle. Le nouveau roi était maître de la capitale du pays dès 761 ; mais tous les châteaux n'étaient pas réduits ; et à peine avait-il repris la route de Metz, que les révoltes éclataient derrière lui (1). Aussi, dans ses diverses expéditions contre cette indomptable Aquitaine, fit-il plusieurs fois le trajet du Cantal à la cité des Bituriges, tantôt seul, tantôt accompagné de son fils Charles. « La même année (767), au mois d'août, disent les Annales de Metz, Pépin retourne en Aquitaine. Rendu à Bourges, il y tient une assemblée des Francs ; et, continuant de là sa marche, il parvient jusqu'à la Garonne : dans ce voyage, il conquiert une foule de positions fortifiées, entre autres, Turenne, Peyrusse, Escorailles, etc. Ensuite il revient à Bourges (2). » Ces

pris, chargé de fers, et conduit devant le roi. Une foule de Wascons, tombés au pouvoir du vainqueur, sont mis à mort. Ainsi, le roi Pépin, après la prise de cette ville et la dévastation de toute la contrée, rentre, avec l'aide de Dieu, dans ses domaines, chargé de butin et de nombreuses dépouilles, ramenant une armée qui n'avait point de pertes à déplorer.

Annal. Meld.

(1) Anno 762, Pippinus, cum filio Carlo Aquitaniam petens, plurimas urbes cepit, plurimas sibi rebelles domuit.

Hermann. chron.

(2) Eodem anno (mense augusto), iterùm perrexit in Aquitaniam. Ad Bituricam verò urbem veniens, ibi conventum habuit Francorum (champ de mai), et indè iter dirigens pervenit

différentes pérégrinations ne s'effectuaient pas probablement d'une seule traite. Il fallait bien s'arrêter et peut-être séjourner pour donner des ordres, et tracer aux officiers subalternes leur plan de campagne, surtout en présence d'une population toujours prête à s'armer et à secouer un joug odieux. De là des stations pour le chef, disséminées sur toutes les lignes où sa présence était nécessaire. Toutefois, ce n'est pas à dire qu'elles aient été exclusivement employées à cet usage. Elles servaient aux lieutenants, et, plus tard, elles purent être occupées par les troupes chargées de protéger ou d'attaquer des convois, ou même de surveiller la conduite des barons auxquels la générosité du vainqueur laissait la libre possession de leurs terres, sous la simple condition de l'hommage.

De l'itinéraire qui vient d'être indiqué, il résulte un fait qui n'a pas encore été constaté ; c'est qu'entre Bourges et les montagnes de la Haute-Auvergne, il existait une voie de communication. Les segments de route romaine dont le sol a conservé les traces à Roche-d'Agoux, dans la forêt de Roche, et sur divers autres points du parcours, pourraient en être des restes. Car, sous les deux premières races de nos rois, on

ad Garumnam fluvium, in quo itinere multas munitiones adquisivit, castrum videlicet *Scoraliam*, *Thorinnam et Petrociam*, *etc.* ; indè reversus est Bituricam.　　　*Annal. Meld.*

suivit, sans en créer de nouveaux, les chemins ou-
verts durant la domination romaine, de même que les
souverains marquaient leurs monnaies au coin des
empereurs d'Occident.

On se rappelle que l'une des fosses de Grolières se
nomme le *Creux du Renard*, et celle de Roche, le
Creux du Loup. Bien que l'analogie ne soit pas
toujours une preuve irréfragable, on pourrait trouver,
sous ces dénominations, un souvenir historique du
caractère et de la tactique des deux guerriers en
lutte à cette époque. L'un sortait des forêts du Nord,
et l'autre arrivait des coteaux du Midi. La mémoire
des événements qui bouleversent l'ordre social, re-
tentit long-temps dans les traditions populaires; et
jamais nation peut-être n'eut, autant que l'Auvergne, des motifs plus légitimes de se rappeler ce san-
glant épisode. Voilà pourquoi, sans doute, ces fosses
ont conservé le nom générique de *redoutes*, ou *rebuttes* dans le langage du pays. Un siècle plus tard,
un drame à peu près semblable se jouait, en Lor-
raine, entre Zwentibold et Régnier. M. Saint-Marc-
Girardin prétend que le roman du *Loup et le Renard*
en fut la personnification. On a même ajouté que
deux excavations, pareilles aux nôtres, y conservent
encore le nom symbolique des deux personnages :
l'une aurait été la retraite du suzerain, et l'autre
celle du vassal révolté. Si ce rapprochement est exact,
il nous fournirait la solution de notre problème. C'é-

tait, comme on le sait, le temps des allusions naïves. Tout le monde souffrait des maux d'une guerre sans pitié et sans remède. A qui se plaindre? à qui demander réparation? Les malheurs venaient de ceux mêmes à qui Dieu avait remis la balance et le glaive de la justice. Il fallait se résigner. Mais la liberté, dont on n'étouffe jamais les accents, allait, comme l'eau d'une source comprimée, se frayer des issues nouvelles et détournées. Sous le voile transparent de l'allégorie, elle pouvait se montrer, raisonner, discuter, sans crainte de déplaire ni d'offenser. Aussi était-ce sous ce déguisement que la vérité résonnait aux oreilles des grands, des batailleurs, et qu'elle charmait les loisirs et les longs ennuis du donjon. On se consolait, par de piquantes railleries, des ravages impunément exercés en vertu d'un pouvoir dictatorial. C'était peu, il est vrai; mais au moins le cœur trouvait un adoucissement dans ce cri échappé à sa douleur. Le mal était bien grand, bien profond. Cette Aquitaine, si fière, si riche naguère de son organisation encore toute romaine, n'était plus qu'un vaste champ clos où deux jouteurs promenaient tour-à-tour la pique sanglante, la torche, la hache et le marteau destructeur. Villes, bourgades, hameaux, monastères, grottes, cavernes, rochers, tout était saccagé, renversé par l'un ou par l'autre. C'était, comme on l'a dit, une guerre d'extermination. Waifer opprime les églises, pille les couvents, détruit et rase des places fortes, pour ne laisser à son ennemi que des déserts : celui-ci complète cette œuvre de destruction ; il coupe jusqu'aux vignes et aux arbres des vergers (1), démolit les aqueducs, et fait périr, dans l'incendie de Clermont, une foule d'hommes, de femmes et d'enfants. Plus la résistance de Waifer était opiniâtre, plus le conquérant irrité se montrait impitoyable. Il s'attachait surtout aux monuments qui appartenaient à son intrépide rival (2). Ainsi, les nombreuses villas qui embellissaient, de la Loire aux Pyrénées, les domaines du descendant de Caribert, et de deux desquelles, peut-être, M. Clodomir Despériers et moi, avons exhumé les ruines à Bouvals et à Cussac, devinrent la proie des flammes. Les châteaux-forts de Turenne, de Peyrusse, entre Massiac et Murat, et celui d'Escorailles, eurent le même sort ; mais ils durent arrêter long-temps la marche de l'armée austrasienne, puisqu'ils ne furent emportés que la huitième année de la guerre, en 767. Encore, pour arriver jusque-là, fallut-il attaquer bien d'autres places, prendre bien des forteresses, des cavernes et

---

(1) Totâ regione illâ pœnè vastatâ (le Limousin), monasteriis multis depopulatis, *Pippinus* usquè ad Hisundonem (Issoudun) veniens, indè maximam partem Aquitaniæ, ubi plurimum vinearum erat, cepit ac vastavit. *Annal. Meld.*

(2) Ligere transacto, *Pippinus rex*, Aquitaniam pergens (763), usquè ad Lemovicas accessit, totam regionem illam vastans, villas publicas, quæ ditionis Waifarii erant, totas igne concremare præcepit. *Annal. Meld.*

jusqu'à des rochers (1), tant le terrain était vaillamment défendu et disputé pied à pied !

Les expéditions dirigées contre la Basse-Auvergne s'opéraient, du nord au midi, par le bassin de la Loire et de l'Allier, de Nevers à Chantelle, et de Chantelle à Clermont. Lorsqu'il s'agit du versant ouest des monts de la Haute-Auvergne, les guerriers partaient de Bourges, centre de leurs opérations, et remontaient le Cher; quelquefois ils venaient du midi par la Dordogne ou par ses affluents, de Turenne à Escorailles. D'après cela, est-il invraisemblable de voir dans nos excavations, indépendamment de leur caractère évidemment militaire, des stations pour le chef d'une armée, des postes chargés d'arrêter l'ennemi et de protéger les convois et la marche des troupes en campagne? Je puis commettre ici une erreur de date en attribuant ces travaux à l'un des deux héros de cette mémorable époque; mais des hommes experts en stratégie, et qui ont visité quelques-uns de ces cantonnements, partagent la même opinion.

La simplicité de ces positions accuse, il est vrai, l'enfance de l'art; mais au temps des premiers Car-

(1) **Pippinus rex castella multa et petras** (*un chroniqueur parle de* rocas), **ac speluncas, in quibus se hostinm manus plurima defendebat, cepit; inter quæ præcipua fuere Scoralia, Thorinna, Petrocia.**

Eginhard, cité par de Valois dans sa Not. Gall.

lovingiens, cet art n'avait pas encore compté un Vauban. Toutefois, il ne fallait pas moins attaquer et se défendre ; et quand la nature offrait un site ou un accident favorable, le travail des mains venait en aide à l'œuvre de la nature. Ainsi procèdent aujourd'hui, dans leurs guerres, les tribus sauvages du Nouveau-Monde ou de l'Océanie ; ainsi ont fait les hommes dès l'origine des sociétés. De nos jours encore, malgré les progrès de la science militaire, le général qui dresse un plan de bataille, ne tient-il pas compte de la conformation du terrain ? ne la fait-il pas entrer dans ses combinaisons comme un élément de succès ou de défaite ? Les deux champions, dont la querelle nous occupe en ce moment, ne négligeaient pas davantage les moyens de faire triompher, chacun de son côté, la cause pour laquelle ils avaient les armes à la main. L'un et l'autre déployèrent, sans aucun doute, toutes les ressources de leur génie : celui-ci, pour soutenir l'indépendance de son duché ; celui-là, pour assurer sur sa tête une couronne que compromettait l'énergique opposition de son adversaire. L'un procédait, comme un *loup* ravisseur, par la force et la violence ; l'autre, plus faible, se défendait en *renard* par la ruse et la finesse ; et tous les deux peut-être traitaient leurs prisonniers avec toute la rigueur de la loi martiale : car, si nous avons le *Creux du Loup* et le *Creux du Renard*, nous avons aussi celui de la *Potence*. Ces diverses excavations, groupées aux environs des forts, d'où les Aquitains soutenaient la lutte avec tant de courage, seraient-elles autre chose que des retraites, des positions militaires, établies soit pour l'attaque, soit pour la défense?

Au surplus, je n'émets cette opinion qu'avec crainte et comme une simple conjecture, bien qu'elle soit fondée sur des analogies, et qu'elle se concilie assez bien avec les événements historiques. Les nombreuses excursions de Pépin sur la lisière occidentale de l'Auvergne, les cavernes où l'on s'enfouissait, les mamelons, les rochers où l'on se cramponnait pour surprendre ou résister, m'autoriseraient à m'exprimer d'une manière plus explicite; mais avant de rien affirmer, j'attendrai que des faits nouveaux viennent confirmer mon hypothèse. Si le contraire arrivait, je m'empresserais de proclamer mon erreur, heureux de n'en avoir jamais de plus graves à rétracter!

Néanmoins, je suis persuadé que les trois édifices qui bordaient la voie romaine dans la forêt de Roche, périrent par les flammes, entre 762 et 767, dans l'une des grandes invasions des Austrasiens; et l'on peut, sans invraisemblance, rapporter à cette date la destruction des monuments gallo-romains placés dans des positions semblables; car le vainqueur de Waifer avait voué à la mort et à l'incendie la race méridionale, ses somptueuses villas, ses châteaux, ses villes municipales, en un mot, toute sa civilisation.

POST-SCRIPTUM.

Je viens de lire dans les curieuses Tablettes historiques de l'Auvergne , publiées par M. J.-B. Bouiller, le compte-rendu de la séance académique du 3 juin dernier. Au sujet de la dernière partie du présent Mémoire, le savant Rédacteur s'exprime ainsi :

« M. Mathieu parle à l'Académie *des* excavations
» existantes dans les communes de Biolet, etc.....
» Nous ne suivrons pas l'auteur dans toutes les con
» jectures que lui ont suggérées ces prétendues po
» sitions militaires, M. le président lui en a montré
» l'*invraisemblance* dans une allocution pleine de
» savantes observations. »

M. Bouillet, sans avoir vu , avait nié d'abord l'existence de tous les monuments que j'ai eu le tort de découvrir depuis la publication de sa Statistique monumentale *du Puy-de-Dôme*. Il veut bien aujourd'hui s'en rapporter à moi, et reconnaître, à cette occasion, que l'ouvrage le plus *monumental* du monde n'est jamais sans quelque imperfection.

Quant aux observations de M. le Président, on les accueille toujours avec plaisir, parce qu'il sait donner à son langage, comme à ses manières, les formes d'une exquise urbanité : double mérite qu'on ne rencontre pas chez tous les savants.

A propos d'*invraisemblance*, voici ce qu'on lit dans le même numéro des mêmes Tablettes :

Page 109. — « Etienne de Chamerlat était l'un
» des écuyers d'Agnes III de la Tour d'Olliergues,
» tué à la bataille d'Azincourt, en 1415. Sa *veuve*
» voulant se remarier, et n'ayant pas l'acte de décès
» de son mari, fit faire au présidial de Riom une
» déclaration par trois écuyers d'Agnes III. Ces
» trois écuyers, dont l'un était ce même Etienne
» de Chamerlat....., *certifièrent* à messieurs du
» présidial, etc. »

Voilà donc la veuve d'Etienne de Chamerlat qui fait certifier par défunt son mari, à messieurs du Présidial, qu'elle a besoin de se remarier. — M. le président Tailhand, qui sans doute ne croit guère aux revenants, trouvera-t-il cela vraisemblable?

Page 112, *art. Champflour*. — « Cette famille

» occupait déjà un rang honorable au milieu du sei-
» zième siècle. Un de ses membres, Jean de Champ-
» flour, était *échevin de Clermont en 1542.* Son
» fils, à ce que l'on croit, publia ALORS quelques
» poésies sur *la mort de Henri IV,* et M. de Mes-
» griny, intendant d'Auvergne, en 1637, LA *cite*
» *comme l'une* DES PLUS OPULENTES *de la ville de*
» *Clermont.* »

Oh ! pour le coup, M. le président Tailhand pourra, sans observations savantes,
signaler ici plus d'une invraisemblance au
savant auteur de l'Armorial d'Auvergne.

1°. Comment M. de Champflour pouvait-
il être échevin de Clermont en 1542, puisque les échevins ne furent créés, dans cette
ville, qu'en 1556, par Catherine de Mé-
dicis ?

2°. Comment le fils de Jean de Champflour publia-t-il *alors*, 1542, des poésies
sur la mort de Henri IV, qui n'était pas
encore né, et qui, comme le savent tous
les ignorants, ne mourut qu'en 1610 ?

3°. Comment M. de Mesgriny a-t-il pu
citer *cette mort* de Henri IV comme l'une
des plus opulentes de la ville de Clermont ?

Page **208**, *art. Chovance.* — « D'après une
» vieille tradition, le bienheureux saint Amable,
» patron de la ville de Riom, mort en 475, était
» originaire de ce lieu, et d'une FAMILLE, *depuis*
» *long-temps* ÉTEINTE, dans la maison de La Roche-
» briant. »

Faire naître le Bienheureux saint Amable
d'une *famille éteinte!* C'est une reproduc-
tion à la manière des champignons ; on en-
terre les ancêtres pour avoir des rejetons.
— Est-ce là de la vraisemblance?

Clermont, Imp. de THIBAUD-LANDRIOT frères.

www.ingramcontent.com/pod-product-compliance
Lightning Source LLC
LaVergne TN
LVHW021203200726
843510LV00001B/461